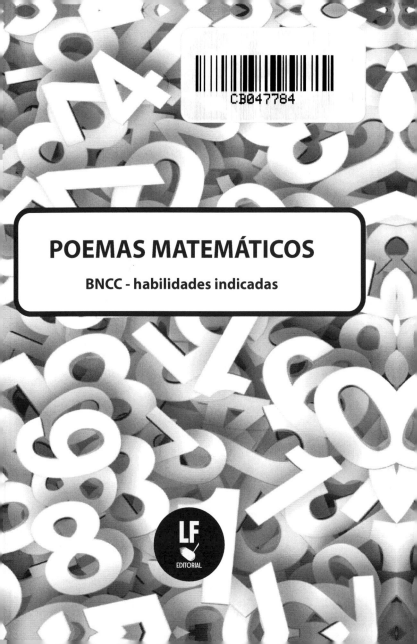

POEMAS MATEMÁTICOS

BNCC - habilidades indicadas

Conselho Editorial da Editora Livraria da Física

Amílcar Pinto Martins - Universidade Aberta de Portugal

Arthur Belford Powell - Rutgers University, Newark, USA

Carlos Aldemir Farias da Silva - Universidade Federal do Pará

Emmánuel Lizcano Fernandes - UNED, Madri

Iran Abreu Mendes - Universidade Federal do Pará

José D'Assunção Barros - Universidade Federal Rural do Rio de Janeiro

Luis Radford - Universidade Laurentienne, Canadá

Manoel de Campos Almeida - Pontifícia Universidade Católica do Paraná

Maria Aparecida Viggiani Bicudo - Universidade Estadual Paulista - UNESP/Rio Claro

Maria da Conceição Xavier de Almeida - Universidade Federal do Rio Grande do Norte

Maria do Socorro de Sousa - Universidade Federal do Ceará

Maria Luisa Oliveras - Universidade de Granada, Espanha

Maria Marly de Oliveira - Universidade Federal Rural de Pernambuco

Raquel Gonçalves-Maia - Universidade de Lisboa

Teresa Vergani - Universidade Aberta de Portugal

Sidcley Dalmo Teixeira Caldas

POEMAS MATEMÁTICOS

BNCC - habilidades indicadas

2024

Copyright © 2024 Sidcley Dalmo Teixeira Caldas
1ª Edição

Direção editorial: José Roberto Marinho e Victor Pereira Marinho

Capa: Fabrício Ribeiro
Projeto gráfico e diagramação: Fabrício Ribeiro

Edição revisada segundo o Novo Acordo Ortográfico da Língua Portuguesa

Dados Internacionais de Catalogação na publicação (CIP)
(Câmara Brasileira do Livro, SP, Brasil)

Caldas, Sidcley Dalmo Teixeira
Poemas matemáticos / Sidcley Dalmo Teixeira Caldas. – São Paulo: LF Editorial, 2024.

ISBN 978-65-5563-484-6

1. Matemática e literatura 2. Poesia brasileira I. Título.

24-222175 CDD-B869.1

Índices para catálogo sistemático:
1. Poesia: Literatura brasileira B869.1

Tábata Alves da Silva - Bibliotecária - CRB-8/9253

Todos os direitos reservados. Nenhuma parte desta obra poderá ser reproduzida
sejam quais forem os meios empregados sem a permissão da Editora.
Aos infratores aplicam-se as sanções previstas nos artigos 102, 104, 106 e 107
da Lei Nº 9.610, de 19 de fevereiro de 1998

Editora Livraria da Física
www.livrariadafisica.com.br

AGRADECIMENTOS

Nunca é demais agradecer. Aposto que muitas pessoas devem concordar. Porém, pode ser que esse "velho" bordão seja utilizado com o seu sentido diluído. E por que digo isso? Porque, mais uma vez, tive a colaboração da querida Carla Borges de Andrade, que, com uma carinhosa atenção, apontou pontos (não necessariamente geométricos...rs) a serem lapidados bem como sugestões complementares para a escrita deste livro. Também, mais uma vez, contei (mas sem fazer contas...rs) com as "viagens" de Adriana Trocoli Abdon Dantas Souza, que levantou "aquelas" hipóteses (poéticas ou matemáticas) surpreendentes e, por que não, divertidíssimas. Como elas não são debutantes nessa tarefa, já que contribuíram em livros já publicados, os meus agradecimentos podem vir a ser considerados "excessivos". Não, não. Jamais serão. Este livro é o que é por causa da elaboração coletiva e colaborativa. Por isso, mais uma vez (e que sejam três ou "n"), meus sinceros agradecimentos a essa dupla amiga.

APRESENTAÇÃO

Tem 1000 e tem zero, que têm seu valor;
Tem o narcisista, que pensa que é mais;
Tem fator, produto e tem divisor;
Tem 4 sem 11, que falta que faz.

Tem cubo, tem dado e reta sem plano;
Tem ponto, trapézio, bloco regular.
Tem cone, se lindo, não piso sem pano,
Tem raio, coroa, balão a girar.

Tem sopa, piscina, presente, apê;
Tem 8 fatias, paquímetro tem.
Tem vírgula pulga, que vai lá para ver;
Tem pista e curva na rota do trem.

300 poemas, eram, no início.
E 100 escolhidos, nenhum sacrifício.

O Autor.

PREFÁCIO

A mistura da Matemática com a arte pode possibilitar que essa ciência seja vista de maneira diferente, uma vez que isso pode tornar o ensino e a aprendizagem prazerosos e com significado, desmitificando a ideia de que Matemática é para gênios. No entanto, será essa uma tarefa fácil de fazer? No meu ponto de vista não, pois a junção do lúdico com conhecimentos matemáticos exige do sujeito que se propõe a fazer isso um trabalho complexo. Sim, complexo, porque o lúdico não deve ser usado como "lúdico pelo lúdico" mas cada estratégia de ensino deve ser utilizada com objetivos pedagógicos bem definidos.

Apesar de, na minha concepção, não ser fácil juntar o lúdico com a Matemática, pensando matematicamente, quase sempre há fugas às regras e esse livro é um exemplo. Por meio de poemas, o autor, Sidcley, consegue associar rimas, sorrisos e conhecimentos matemáticos, fazendo com que cada poema presente em "Poemas Matemáticos" seja um mergulho no mundo dos números e de suas propriedades, explorando diferentes temas e conhecimentos interdisciplinares, para diferentes anos da Educação Básica.

Além de poemas, são apresentadas possíveis explicações sobre os textos, o que direciona quem irá utilizá-los, mas não esgota as possibilidades para interpretações. Ademais, o autor também, assertivamente, se propôs a indicar habilidades da Base Nacional Comum Curricular (BNCC) que podem ser abordadas em cada poema. Isso foi um "tiro ao alvo" em que ele acertou em cheio, pois essa indicação é de suma importância para os professores que desejem utilizar o material, uma vez que isso localiza cada texto no espaço do conhecimento. Ressalto novamente que ao fazer isso, Sidcley não limita as interpretações de cada leitor, pois essa é única e uma expressão das bagagens que cada indivíduo traz consigo.

Gostaria de ressaltar que este livro será um daqueles que não podem faltar em nossa biblioteca, uma vez que tira-nos da nossa zona de conforto, levando-nos a usar a imaginação à medida que a Matemática entrelaça-se em nossos pensamentos. Portanto, convido você a desfrutar a leitura dos poemas, a desafiar-se e se permitir ir além. Não se limite. Talvez você leia este livro sozinho com uma xícara de café ou chá (fica a gosto do leitor), talvez leia em uma roda de amigos ou você recite um poema na fila do pão. Mas bom mesmo vai ser compartilhar os poemas e vê entusiasmo e brilho nos olhos de vinte e cinco ou mais parceiros de aprendizagem de conhecimentos matemáticos e da vida.

Boa leitura!

Jacqueline Nascimento de Souza

Professora de Matemática

Mestranda do Programa de Pós-Graduação em Ensino de Matemática (PPGEnM)

Universidade Estadual de Feira de Santana (UEFS)

SUMÁRIO

ENSINO FUNDAMENTAL – ANOS INICIAIS

1º ANO

PRIMEIRO DA FILA.. 20
DE GRÃO EM GRÃO 21
DAQUI NÃO SAIO 22
ESTRELA BACANA 23
SOME AGORA... 24
SOLIDÃO SUBTRAÍDA... 25
BABA DE RUA... 26
10 IRMÃOS 27
ESFERA IMPACIENTE 28
TEM DE SER OCO?.. 29

2º ANO

DUPLICO NO ESPELHO... 32
177... 33
A BRIGA DO 3 34

UM CLÁSSICO 35

A BOLA 36

CADÊ O FURO? 37

SERÁ QUE ROLA? 38

PET PEQUENININHA 39

NA COLHER 40

BALEIA SEM DENTE 41

3º ANO

PARCELA SOLITÁRIA 44

RESTO DE VALOR 45

NÚMERO DE VALOR 46

COVID-19 47

LOGO ESFRIA 48

NASCI QUADRADO 49

O TREM 50

DOUTOR PAQUÍMETRO 51

MÃO MEDIDA 52

MINHA BALANÇA 53

4º ANO

SEPARAÇÃO 56

VOU FICAR RICO 57

TRAÇO ESTRANHO 58

RETA RETADA 59

ENCONTRO INFINITO.. 60

HAIKAI I 61

ESPELHO MEU 62

EM 24 VEZES 64

ORDEM DOS TRATORES 65

90º 66

5º ANO

3 PARES DE MEIA 68

TUDO CUBO.. 69

BOLINHA DE PAPEL.. 70

NO FINAL DA FILA 71

DE NEYMAR A PELÉ 72

PULOS 73

REFORMA NO APÊ... 74

ÁGUA MINERAL... 75

BOLO SOLADO.. 76

SACO DE FEIJÃO 77

ENSINO FUNDAMENTAL – ANOS FINAIS

6º ANO

ZERO À ESQUERDA TEM VALOR 82

VAI TER QUE TER 83

CADÊ O ZERO? 84

INÍCIO, MEIO E FIM 85

QUE NEM FLECHA LÁ NO PEITO 86

HAIKAI II 88

LADO OU BASE? 89

DADO X CUBO 90

PASSANDO UM LAÇO 91

VINAGRE NO TEMPERO 92

7º ANO

33 94

ISSO NÃO VAI PARAR 95

FATOR DE MULTIPLICAÇÃO 96

10 OU 100? 97

BELO CHATEOU 98

SECADORA 99

BALÃO 100

PEGA NO COMPASSO 101

MEUS TRAPÉZIOS 102

METADE DE D 103

8º ANO

INTIMIDADE 106

SEM CENTRO 107

CIRCUNFERÊNCIAS OUTRAS 108

EU CONCÊNTRICO 109

A PIZZA 110

TAMBÉM SOU LITRO 111

À TERCEIRA 112

CAIXA DE SAPATO 113

SONETO MOLHADO 114

MÉDIA FINAL 116

9º ANO

"KD" A LUPA? 118

RETA FUJONA 119

TERRA PLANA 120

8 FATIAS 121

ARCO DO MEIO 122

TRIÂNGULO DE 90º 123

EMBAIXO DO CUBO 124

GALERA TONTA 125

DADO DADO.. 126

HAIKAI VOLUMOSO.. 127

ENSINO MÉDIO

LENTE ANGULAR 131

O BALDE... 132

CONE IMORTAL 133

A INVASÃO DAS GUDES 134

MEDE A TERRA.. 135

GEOMETRIA DA VOVÓ 136

GLOBO TERRESTRE 137

OXIGÊNIO PARA O BRASIL 138

ATÉ NA LUA 139

UMA HORA DE RELÓGIO.. 140

O AUTOR.. 141

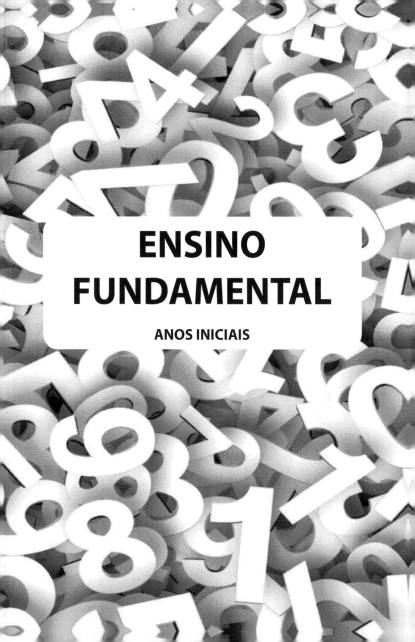

ENSINO FUNDAMENTAL

ANOS INICIAIS

1º ANO

POEMAS MATEMÁTICOS

PRIMEIRO DA FILA

Eu sou número 1,
Na fila, chego primeiro.
Não conheço nenhum
Que seja tão bem ligeiro.

Comentário:

Neste caso, tem-se o número 1, um número natural, indicando a ordem em que se posiciona em uma certa fila. É possível interpretar que tanto o próprio número 1 está se pronunciando, quanto alguém que se considera especial. Seja como for, a questão de ordem permanece como tema central.

O poema pode contribuir para o desenvolvimento da **Habilidade EF01MA01**.

1º ANO

DE GRÃO EM GRÃO

De grão em grão, a galinha enche o papo;
De 1 em 1, a lagoa enche de sapo.
É aos pouquinhos que se faz uma dezena;
A unidade somada não é pequena.

Comentário:

Este poema estimula a contagem, seja de objetos, animais, pessoas, coleções ou grupos, tomando como referência o ditado popular e a parlenda.

O poema pode contribuir para o desenvolvimento da **Habilidade EF01MA04**.

DAQUI NÃO SAIO

Cheguei depois, há pouco tempo.
Já vi o 1 que já chegou.
Amigo 3, eu só lamento,
Sair daqui é que não vou.

Comentário:

Utilizando números naturais, a temática tratada no poema é a ordem. A intenção é que se deduza que o eu lírico é o número 2, já que, ao sinalizar ter chegado há pouco tempo, ele constatou a presença do número 1 e, ao lamentar, possibilita imaginar que o próximo a chegar será o número 3, e que este não ocupará o seu lugar.

O poema pode contribuir para o desenvolvimento da **Habilidade EF01MA01**.

1º ANO

ESTRELA BACANA

Dias úteis da semana,
Títulos da seleção.
Uma estrela bem bacana,
Os dedos de uma mão.

Comentário:

Ao listar eventos e elementos que possuam a quantidade 5 como elemento em comum, a ideia é que se possa relacionar essa quantidade, iguais aos dias úteis da semana, às pontas de uma estrela, aos títulos mundiais da seleção brasileira de futebol, e aos dedos de uma mão.

O poema pode contribuir para o desenvolvimento da **Habilidade EF01MA17**.

SOME AGORA

2 mais 3 é 3 mais 2,
3 mais 2 é 2 mais 3.
Some agora e não depois,
Tire a dúvida de vez.

Comentário:

O poema apresenta duas ordens possíveis para as parcelas "2" e "3" que integram uma adição. Seja neste tipo de formato, seja com um livro didático ou também com o auxílio de material manipulável, essa oferta propicia uma melhor apreensão da operação, mostrando que o valor da soma não irá se alterar, bem como de uma de suas propriedades (comutativa).

O poema pode contribuir para o desenvolvimento da **Habilidade EF01MA08**.

1º ANO

SOLIDÃO SUBTRAÍDA

Diminua a minha dor,
Subtraia a solidão.
Retirando o seu amor,
Reduziu meu coração.

Comentário:

Este poema não apresenta quantidades, números, mas utiliza os termos "diminua", "subtraia", "retirando" e "reduziu", os quais possuem relação com a operação de subtração. A critério do professor, e conjuntamente com os alunos, é possível exercitar a quantificação, atribuindo valores (números), de modo a trabalhar com o possível problema apresentado.

O poema pode contribuir para o desenvolvimento da **Habilidade EF01MA08**.

BABA DE RUA

Não leve a bola,
Você vai subtrair.
Não leve embora,
Agora é para divertir.

Não diminua
O lazer dessa galera:
Baba de rua
Não tem hora e não espera.

Comentário:

O poema apresenta quantidade, no caso da bola, ainda que sem a indicação de algarismos, de números naturais, e cita os termos "subtrair", diminua" e "leve embora", relacionados ao significado de subtração.

O poema pode contribuir para o desenvolvimento da **Habilidade EF01MA08**.

10 IRMÃOS

Eu tenho 9 irmãos
E quero ver quem tem.
Nós somos bem iguais
E somados damos 100.

Comentário:

No poema se apresenta uma situação problema, utilizando números naturais, sugerindo operações com números de até dois algarismos (no caso do 10).

O poema pode contribuir para o desenvolvimento da **Habilidade EF01MA08**.

ESFERA IMPACIENTE

Aguardando o paciente, o médico se controla:
Toma um chá, respira fundo, aperta forte, espreme a bola.
A esfera, impaciente, cai no chão, quica e rola,
E ele, bem arrependido, diferente de outrora.
Quando ele se levanta, já disposto a ir embora,
Ele escuta: "ei, doutor, enfim cheguei. Perdi a hora?"

Comentário:

No poema, aparece a relação entre a esfera, uma figura geométrica espacial, e a bola, um objeto familiar do mundo físico, bem como são citadas algumas características desse objeto que podem, inclusive, ser da figura mencionada.

O poema pode contribuir para o desenvolvimento da **Habilidade EF01MA13**.

1º ANO

TEM DE SER OCO?

Capacidade, não é qualquer um que tem:
Tem a piscina e o copinho lá do bar;
Tendo volume, até pode ter também.
Se não é oco, o melhor é dispensar?

Comentário:

Este poema apresenta situações em que se podem comparar capacidades, como entre a da piscina e a do copinho lá do bar.

O poema pode contribuir para o desenvolvimento da **Habilidade EF01MA15**.

2º ANO

POEMAS MATEMÁTICOS

DUPLICO NO ESPELHO

Com o espelho, é o oito que vão ver,
Mas meu chamego é o nove que é depois.
Ele é o triplo do que vale o meu ser.
Antes do quatro, eu fico logo após o 2.

Comentário:

O poema induz à observação, em um espelho, da forma que surge da união do número 3 com a sua imagem refletida (que pode remeter ao número 8). Assim, tanto o número 3 quanto a sua imagem refletida podem ser tomados como sendo a metade da forma do número 8. Cabe ao/à professor/a, no entanto, buscar negar que essa verdade imagética, focada na simetria, seja tomada como uma verdade numérica, como se o número 3 representasse a metade do número 8, quando o correto é o número 4. A noção de triplo também é contemplada, ao se mencionar o número 9 (o triplo de 3).

O poema pode contribuir para o desenvolvimento da **Habilidade EF02MA08**.

2º ANO

177

Eu risco um 7 do 177,

E mais um 7 ainda vou querer tirar.

E se eu errar, quero que venha e me conserte:

Uma dezena, acho, é o que vai sobrar.

Comentário:

Há que se ter cautela com os termos "risco" e "tirar", presentes no poema. Enquanto "tirar" pressupõe eliminar, subtrair; "riscar" pode tanto significar rabiscar, no sentido denotativo, como também subtrair (riscar do mapa, por exemplo, apagar), conotativamente. A dúvida pode aumentar ainda mais considerando que, no segundo verso, aparece "e mais um 7...". Ocorre que a dubiedade apresentada foi intencional, no brincar com as palavras, o que pode induzir o riscar inicial como tendo o sentido de subtrair 7 unidades, resultando 170, ao invés de 17. De todo modo, o que não pode deixar de ser observado é que o poema continua a tratar a noção de subtração.

O poema pode contribuir para o desenvolvimento da **Habilidade EF02MA06**.

POEMAS MATEMÁTICOS

A BRIGA DO 3

O 3 brigou e não quis papo com a galera...

E decidiu o 33 abandonar.

Um 10 falou: "mantenha a calma, vai, espera,

Meus irmãos gêmeos vão também se chatear!"

Comentário:

Ainda que abordando a operação de subtração, o poema sugere tratar, também, da divisão, podendo ser contemplada a noção de terça parte com relação ao trinta, após a debandada do 3.

O poema pode contribuir para o desenvolvimento da **Habilidade EF02MA08**.

2º ANO

UM CLÁSSICO

Sou dado clássico, sou famoso que só!
Estive em jogos do tempo da minha vovó.
Eu sei, com o cubo, até posso parecer...
Porém, contudo, repare bem no que vê!

Comentário:

O dado mais conhecido, chamado de clássico (contendo 6 faces quadradas), é um objeto do mundo físico relacionado à forma da figura geométrica espacial cubo, mesmo que o poema traga o alerta para que se observem bem as características e propriedades do objeto e do cubo.

O poema pode contribuir para o desenvolvimento da **Habilidade EF02MA14**.

A BOLA

A bola rola, a bola quica,
Mas, quando murcha, a bola fica.
A Terra gira, mas não é bola:
Se mexe sempre, repare agora.

A bola gira que nem a Terra,
Mas, se esvazia, até emperra.
A terra rola, chovendo demais,
A bola de lama tira minha paz.

Comentário:

Mesmo sem explicitar a palavra esfera, uma figura geométrica espacial, o poema apresenta/sugere uma comparação entre a bola e o planeta Terra, objetos/elementos do mundo físico. Claro, cabe cuidar para diferenciar a bola esférica das de outros tipos, como a de futebol americano e, possivelmente, a de lama também; assim como se pode aproveitar para apresentar o termo esfera.

O poema pode contribuir para o desenvolvimento da **Habilidade EF02MA14**.

2º ANO

CADÊ O FURO?

O cone me lembra o funil,
Tomando sorvete também.
Mas quero saber quem já viu
Os furos, será que ele tem?

Comentário:

No poema, aparece a relação entre objetos, elementos do mundo físico (o funil e a casquinha do sorvete) e a figura geométrica espacial cone. Também, observa-se uma "pitada" de provocação quanto às suas propriedades, ao se questionar sobre o cone possuir furos.

O poema pode contribuir para o desenvolvimento da **Habilidade EF02MA14**.

SERÁ QUE ROLA?

Cilindro, dizem que rola,
Será que o cone também?
Certeza eu tenho da bola,
Que vai, que rebate e que vem.

Comentário:

O poema apresenta relações entre algumas figuras geométricas espaciais (cilindro e cone) e a possibilidade de rolarem, propiciando também a comparação delas com objetos do mundo físico, como a bola (excluindo-se a de futebol americano), a qual pode ser relacionada à esfera.

O poema pode contribuir para o desenvolvimento da **Habilidade EF02MA14**.

2º ANO

PET PEQUENININHA

200 ml tem o copo da festinha,
Se junto 4 amigos, 1 litro posso fazer.
Mas a garrafa pet daqui é pequenininha,
Só dá se forem 3; em 5, sei, não vai caber.

Comentário:

O poema apresenta uma situação na qual podem ser comparadas e calculadas as capacidades do copo da festinha e da garrafa pet, utilizando-se unidades de medida padronizadas (mililitro e litro).

O poema pode contribuir para o desenvolvimento da **Habilidade EF02MA17**.

ge
NA COLHER

Colher de sopa ou até colher de chá,
Perto de um litro, nelas, sei, não vai caber.
Se dividir, tenho certeza que vai dar,
E com a sobra decido o que vou fazer.

Comentário:

Pelo que apresenta o poema, é possível estimar e comparar as capacidades da colher de sopa e da colher de chá, tomando como referência a unidade de medida padronizada citada: o litro.

O poema pode contribuir para o desenvolvimento da **Habilidade EF02MA17**.

2º ANO

BALEIA SEM DENTE

Tem grama lá no quilo
E também na tonelada;
Tem no dente do esquilo,
E na baleia desdentada.

Comentário:

Nesse poema, observa-se tanto a possibilidade de comparação entre unidades de medida padronizadas da grandeza massa (grama, quilograma e tonelada), como também de estimativa e comparação da massa do quilo (objeto tomado como referência e utilizado para medir massas), do dente do esquilo e da baleia desdentada.

O poema pode contribuir para o desenvolvimento da **Habilidade EF02MA17**.

3º ANO

POEMAS MATEMÁTICOS

PARCELA SOLITÁRIA

Uma parcela nunca anda solitária:

Anda em par, em trio, em quarteto também.

Valha milhão ou quantidade unitária,

Não muda o nome, seja 1 ou seja 100.

Comentário:

Não é feita menção à operação de adição, de forma explícita, mas o poema trata das parcelas, nomenclatura dos elementos, dos números que integram esse tipo de operação, indicando sobre o procedimento convencional de considerar as parcelas, sua união, independentemente de suas quantidades e dos seus valores.

O poema pode contribuir para o desenvolvimento da **Habilidade EF03MA05**.

RESTO DE VALOR

Não tire onda me achando sem valor;
Tenho importância, ainda que seja o resto.
Só dividendo, quociente e divisor...
Não fecha a conta: isso é prova de que presto.

Comentário:

No poema, o eu lírico, o resto, coloca-se como tendo importância no processo de divisão, da mesma forma que o dividendo, o divisor e o quociente, ainda que o seu valor seja zero (situação na qual se diz que a divisão é exata).

O poema pode contribuir para o desenvolvimento da **Habilidade EF03MA08**.

NÚMERO DE VALOR

1111 é um número legal:
Se tira 1, corre o risco de sumir.
Por outro lado, pode até causar um mal:
Os 3 irmãos podem até não resistir.

Se sai o 1000, o 111 vai ficar;
Tirando 100, foi o 11 que ainda restou.
Se sai o 10, ainda tá no seu lugar,
1 é o número que tem o seu valor.

Comentário:

Com o poema, é possível realizar comparações entre os números naturais apresentados (1111, 1, 1000, 111, 100, 11 e 10), mediante a leitura, pronúncia e escrita dos mesmos (uso da língua materna, um dos tipos de registro de representação semiótica).

O poema pode contribuir para o desenvolvimento da **Habilidade EF03MA01**.

3º ANO

COVID-19

Teve um ano em que a Covid se espalhou,
Chegou somando, depois se multiplicou.
Gerou tristeza, medo, muita divisão,
Mas reduziu, após surgir vacinação.

Comentário:

Ainda que o poema aborde as quatro operações numéricas (adição, subtração, multiplicação e divisão), cabe atentar para o seu início e posterior desfecho, quando comenta sobre o contexto pandêmico da Covid-19, indicando o espalhamento de casos, somados a cada dia, no início, e, posteriormente, com a chegada das vacinas, passa a diminuir.

O poema pode contribuir para o desenvolvimento da **Habilidade EF03MA06**.

LOGO ESFRIA

O 5 é sobra quando o 7 vai embora,
Mas se ele dobra, lembro o tempo que é um dia.
Tiro a metade para botar no pé na hora:
Temperatura, reduzindo, logo esfria.

Comentário:

O poema aborda as operações de adição (5+7 e/ou 12+12), de subtração (12-7 e/ou 12-5 e/ou 12-6), de multiplicação (12x2) e de divisão (12/2), sendo que o quociente pode ser relacionado à ideia de metade, como apresentado no terceiro verso.

O poema pode contribuir para o desenvolvimento da **Habilidade EF03MA09**.

NASCI QUADRADO

Nasci quadrado,
Fiquei comprido,
Ganhei mais lado,
Todo metido!
Canto normal,
Área maior,
Nem radical,
Nem tão melhor.

Comentário:

Pelos versos dispostos, podem-se comparar as figuras geométricas planas quadrado e retângulo, relacionando-os aos seus lados. Cabe notar, claro, que o poema insinua uma certa transformação do retângulo ao longo do tempo, sem que, no entanto, isso tenha alterado a sua condição de existência.

O poema pode contribuir para o desenvolvimento da **Habilidade EF03MA15**.

O TREM

O trem é útil, percorre grande extensão,
Muitos quilômetros, podendo apitar.
O trilho eu meço com a trena em minha mão,
De metro em metro, confio, eu chego lá.

Comentário:

O poema apresenta uma situação na qual, para a medição do comprimento da trajetória do caminho percorrido pelo trem, não está definido claramente qual o instrumento de medida mais adequado, embora no segundo verso seja apontada a unidade de medida (quilômetro). Já para medir o trilho, aparece a indicação da trena, ainda que haja a possibilidade de se realizarem diversas medições (de metro em metro).

O poema pode contribuir para o desenvolvimento da **Habilidade EF03MA18**.

3º ANO

DOUTOR PAQUÍMETRO

Doutor paquímetro é pouco conhecido,
Não tanto como a régua, que aprendi a usar.
Até tamanho pequeno, bem reduzido,
Meio milímetro, ele pode mensurar.

Comentário:

No poema, o paquímetro, um instrumento de medida de comprimento pouco conhecido pela maior parte das pessoas, é comparado com a régua e indicado para a realização de medidas de dimensões bem reduzidas, como, por exemplo, algo que possua meio milímetro de espessura (dimensão inviável de ser medida com precisão ao se utilizar uma régua).

O poema pode contribuir para o desenvolvimento da **Habilidade EF03MA18**.

MÃO MEDIDA

Sem régua para medir,
Tenho outra solução:
Se a trena não abrir,
Abrirei a minha mão.

Comentário:

O poema aponta dois instrumentos de medida de comprimento conhecidos (régua e trena), sendo que, na indisponibilidade dos dois, sugere uma outra possibilidade para realizar a medição: usar a mão (possivelmente, o palmo).

O poema pode contribuir para o desenvolvimento da **Habilidade EF03MA18**.

3º ANO

MINHA BALANÇA

Minha balança não balança nunca, não;
E a balança tem massa, eu sei que tem.
Leve a balança e coloque lá no chão,
Essa balança pesa muito mais que 100.

Comentário:

No poema, é indicado que a balança (instrumento de medida da grandeza massa) possui massa e se estima que ela possua mais que 100. Embora possa parecer que a unidade a acompanhar o 100 seja o quilograma, até pelo fato de, imperativamente, mandar colocar no chão (terceiro verso) como se fosse muito "pesada", não fica claro se a balança poderia possuir 100 gramas, por exemplo.

O poema pode contribuir para o desenvolvimento da **Habilidade EF03MA20**.

4º ANO

SEPARAÇÃO

O 11 quis separação;
O 4 fez que não entendeu.
Se rolar essa divisão,
O 44 perdeu.

Comentário:

A situação problema apresentada no poema indica a operação de divisão do 44 pelo 4 ou pelo 11 (divisores contendo até dois algarismos), sendo possível, também, recorrer à multiplicação dos divisores (agora fatores) citados em busca de conferir o resultado, o produto (44).

O poema pode contribuir para o desenvolvimento da **Habilidade EF04MA07**.

VOU FICAR RICO

Se economizo, um dia vou ficar rico:
A minha renda vou poder multiplicar.
Quem tá na dúvida, calma, que eu já explico:
Não muda muito se você for lá somar.

Comentário:

O poema apresenta a possibilidade de buscar a riqueza (material), indicando que ocorrerá a multiplicação da renda caso haja economia, e que essa multiplicação pode ser interpretada, também, como a operação de adição.

O poema pode contribuir para o desenvolvimento da **Habilidade EF04MA06**.

TRAÇO ESTRANHO

Numa fração, sempre estranho aquele traço
Com os dois pontos, eu até acho bonito.
Se nada muda, a divisão vou lá e faço,
Pouco me importa o resultado esquisito.

Comentário:

O poema aborda a configuração de uma fração, a sua relação com a operação de divisão, bem como suas diversas formas de representação, sendo que, ao final, aparece a sugestão de um possível "resultado esquisito", referência aos resultados de valores decimais e menores que a unidade.

O poema pode contribuir para o desenvolvimento da **Habilidade EF04MA09**.

4º ANO

RETA RETADA

A reta andava em linha reta, então
Seguia sempre uma mesma direção.
Retada com a permanente retidão,
Pegou a reta, e se curvou na contramão.

Comentário:

Na busca por visualizar a trajetória percorrida pela reta andante, no poema, é possível descrever o seu provável deslocamento, mediante um desenho, e aproveitando as "dicas", as orientações, como "linha reta", "mesma direção", "retidão" e "se curvou".

O poema pode contribuir para o desenvolvimento da **Habilidade EF04MA16**.

POEMAS MATEMÁTICOS

ENCONTRO INFINITO

Quero ir ao infinito,
Paralelas encontrar.
Confesso, não acredito
Que por lá vão se bicar.

Mas, receio perseguir
Uma delas, sem destino,
Sei que não vai acabar.
Imagine o sol a pino?

Comentário:

Sugere-se, no poema, que haverá dificuldade para localizar retas paralelas que irão "se bicar" (se encontrar) no infinito. Buscando observar a trajetória percorrida pelas retas e se o encontro delas irá acontecer, é possível descrever o comportamento das mesmas mediante um desenho, aproveitando as "dicas", as orientações, como: "sem destino" e "sei que não vai acabar".

O poema pode contribuir para o desenvolvimento da **Habilidade EF04MA16**.

HAIKAI I

Foi pontuando
E seguindo em frente...
Não se curvou.

Comentário:

Se um poema, por si só, não possui compromisso com a denotatividade, um haikai possui menos ainda. De todo modo, é possível notar que ele se refere à trajetória de uma reta, haja vista a presença de seus elementos constitutivos (pontos) e a informação de que foi "seguindo em frente" e, também, de que "não se curvou". Assim, buscando visualizar a trajetória percorrida por essa reta, é possível descrever o seu provável deslocamento mediante um desenho (no papel ou mediante *softwares*).

O poema pode contribuir para o desenvolvimento da **Habilidade EF04MA16**.

ESPELHO MEU

O quadrado se olhou no espelho e ficou duvidoso:
No reflexo, um retângulo, nem tão velho nem tão novo.
Pegou a régua, na medida, conferindo outra vez:
Num dos cantos viu 90, nada estranho aos outros 3.

Pensou: lados tão iguais...
Ser retângulo? Jamais!
Só que estava enganado:
Era mais que um quadrado.

E pouco importa o lado.
Tendo só ângulo reto,
É, ele estava errado;
O espelho estava certo.

Comentário:

Apresentando uma "dúvida existencial" do quadrado, o poema possibilita reconhecer ângulos retos na observação e na comparação entre as figuras geométricas planas, como o quadrado e o retângulo, podendo ser potencializadas com o auxílio de estratégias auxiliares ao poema.

O poema pode contribuir para o desenvolvimento da **Habilidade EF04MA18**.

EM 24 VEZES

3600 me completa por demais,
Em 24 vezes, vejo o Sol e vejo a Lua.
Parece muita coisa, mas depende do que faz:
Eu aproveito a hora, vou correndo para a rua.

Comentário:

O poema contempla uma situação do nosso cotidiano, que é a passagem do tempo por meio da variação entre dia e noite, tendo as referências do sol e da lua, bem como as horas, que aparecem 24 vezes e, cada uma delas, contendo 3600 segundos.

O poema pode contribuir para o desenvolvimento da **Habilidade EF04MA22**.

4º ANO

ORDEM DOS TRATORES

Sem permissão, mexeu na ordem dos tratores:

Toda a colheita pode agora se perder.

Porém, se mexesse na ordem dos fatores,

Lá no produto, o valor ia se manter.

Comentário:

Este poema indica que certa modificação da ordem de tratores, no processo de plantio e/ou colheita de uma lavoura, pode gerar prejuízo. Diferente disso, a ordem dos números a serem multiplicados (fatores) não irá interferir no resultado (produto), isso devido a uma das propriedades desse tipo de operação (comutativa).

O poema pode contribuir para o desenvolvimento da **Habilidade EF04MA06**.

90°

Reto Reto
Reto Reto
Reto Reto
Reto Reto
Reto Reto
Reto Reto
Reto Reto
Reto Reto
Reto Reto Reto Reto Reto Reto Reto Reto
Reto Reto Reto Reto Reto Reto Reto Reto

Comentário:

Esse poema é visualmente claro e objetivo ou, ao menos, pretende ser. Além das várias repetições da palavra "Reto", a figura formada (que até pode ser interpretada como sendo a letra "L") remete ao que se denomina ângulo reto.

O poema pode contribuir para o desenvolvimento da **Habilidade EF04MA18**.

3 PARES DE MEIA

Tem doze meios. Que frio!
Cuido de mim de manhã.
Os pés me dão arrepio,
Tenho 3 pares de lã.

Comentário:

O poema possibilita identificar uma fração maior que a unidade (12/2 = 6), bem como representá-la mediante outro tipo de registro de representação semiótica e associá-la ao resultado de uma divisão (metade, no caso em específico).

O poema pode contribuir para o desenvolvimento da **Habilidade EF05MA03**.

5º ANO

TUDO CUBO

Quando olhei pro chão da rua, tudo cubo, me assustei!
Cadê paralelepípedo, que era tradição?
Vendo as faces quadradas, de repente me lembrei:
Elas também são retângulos, aprendi na lição.

Comentário:

Pelo poema, podem-se associar figuras geométricas espaciais (prismas) com suas planificações, considerando a indicação sobre o formato das faces, e também comparar os seus atributos.

O poema pode contribuir para o desenvolvimento da **Habilidade EF05MA16**.

POEMAS MATEMÁTICOS

BOLINHA DE PAPEL

Desenhei uma figura bem bonita no papel,
Disseram que era plana, parecia um chapéu.
Amassei a minha folha, fiz bolinha para mim.
E agora, a figura segue plana mesmo assim?

Comentário:

O poema sugere que, após ter amassado a folha de papel, será perceptível a constatação de um certo volume (uma bolinha de papel, talvez), o que vai de encontro ao que se considera como sendo uma figura plana, caso do desenho de um chapéu, como consta no terceiro verso.

O poema pode contribuir para o desenvolvimento da **Habilidade EF05MA21**.

5º ANO

NO FINAL DA FILA

Na fila estou no final,
Mil vezes mil vezes você.
Sei que não sou fundamental,
Milímetro é que não vai ser.

Comentário:

A situação problema apresentada mostra o eu lírico negando ser o milímetro – uma das unidades de medida de comprimento –, bem como indicando não ser, também, o metro (unidade fundamental de medida de comprimento). Como possibilidade de identificação do eu lírico, o poema apresenta a dica de que ele vale mil vezes mil vezes o valor do milímetro.

O poema pode contribuir para o desenvolvimento da **Habilidade EF05MA19**.

POEMAS MATEMÁTICOS

DE NEYMAR A PELÉ

Faltou milímetro para a bola entrar;
60 metros, a bola Gerson lançou;
Poucos centímetros, Neymar indo driblar;
Foi na medida que o Rei cabeceou.

Régua e compasso o Messi tem, é genial!
CR7 treina e marca demais.
E a quilômetros dessa terra natal,
Zico foi bom e fez o que ninguém mais faz.

Comentário:

Relacionando diversos jogadores de futebol às suas habilidades e feitos, o poema possibilita que, ao se compararem e se transformarem as unidades de medida entre si, tenha-se a ideia e a dimensão das referências apresentadas.

O poema pode contribuir para o desenvolvimento da **Habilidade EF05MA19**.

PULOS

De lá do metro, eu dou pulos para a frente,
E dessa forma eu vejo o valor crescer.
Mas, se ao contrário, eu fizer bem diferente,
Então reduz: menos de um metro é o que vai ter.

Comentário:

Os pulos dados pelo eu lírico remetem a uma estratégia de transformação entre as unidades padrões de medida de comprimento, sendo tomada a variação de valor da medida como uma referência que indica o seu crescimento ou redução.

O poema pode contribuir para o desenvolvimento da **Habilidade EF05MA19**.

POEMAS MATEMÁTICOS

REFORMA NO APÊ

Chegou final de ano,
Fui reformar o apê.
E onde passo pano,
Piso novo iria ter.

Na hora de medir,
Deu número quebrado.
Tive de decidir:
Então, foi aumentado.

Comentário:

O poema apresenta situação cotidiana em que, ao se medir a área (superfície) do ambiente onde será colocado o piso, o resultado é um valor dito "quebrado", na verdade, um número não inteiro (decimal). A dica, a sugestão que o poema apresenta é aumentar o valor encontrado, que seria nada mais do que arredondar ou aproximar para o número inteiro imediatamente superior. Em que pese não haver menção, no poema, a algum tipo de transformação, entre as unidades utilizadas na medição, isso pode ser necessário.

O poema pode contribuir para o desenvolvimento da **Habilidade EF05MA19**.

ÁGUA MINERAL

Na minha casa, uso água mineral:
São 20 litros, aquele meu garrafão.
Bebo num copo, meio litro bem legal,
40 vezes, vai demorar um tempão.

Comentário:

No poema, são citadas as capacidades do garrafão de água mineral (20 litros) e de um copo (0,5 litro), sendo que todas foram indicadas com a mesma unidade padrão de medida, que foi o litro. Considerando que os versos se apoiam na língua materna, é possível que a escrita matemática fosse outra, como 500ml, por exemplo, o que, nesse caso, exigiria a transformação entre as unidades, seja para litro ou para mililitro.

O poema pode contribuir para o desenvolvimento da **Habilidade EF05MA19**.

BOLO SOLADO

A receita de bolo parece atrapalhar:
Fala 200 gramas e fala quilo também.
Com várias unidades, ele pode até solar,
Coverta logo antes, eu falo para o seu bem.

Comentário:

No presente exemplo, coloca-se a situação de trabalhar com mais de uma unidade de medida de massa (grama e quilograma) ao se preparar um bolo, o que pode gerar alguma dificuldade de interpretação e, consequentemente, trazer problemas ao preparo do bolo. Para que isso não ocorra, sugere-se, então, a conversão de todos os valores para uma só unidade.

O poema pode contribuir para o desenvolvimento da **Habilidade EF05MA19**.

5º ANO

SACO DE FEIJÃO

O saco de feijão contém muito mais que um grão.

Mas, quantos ele tem? Confesso, eu não vou saber.

A massa, em miligramas, eu sei que vale 1 milhão.

Se quer saber em quilo, descubra ao converter.

Comentário:

Não é dito que o saco de feijão possui um quilograma. Contudo, é informado que, em miligrama, vale 1 milhão. Sugere-se até converter o valor para achar em quilograma, cujo resultado 1000kg (uma tonelada).

O poema pode contribuir para o desenvolvimento da **Habilidade EF05MA19**.

ENSINO FUNDAMENTAL
ANOS FINAIS

6º ANO

POEMAS MATEMÁTICOS

ZERO À ESQUERDA TEM VALOR

O zero à esquerda pode, sim, ter seu valor:
Na parte decimal, ele pode tudo mudar.
Então, repita isso, fará um grande favor;
Rebata, se negarem, e mande logo estudar.

Comentário:

O valor posicional do zero é contextualizado no poema, indicando que não necessariamente um zero à esquerda terá valor desconsiderado, como é costume se ouvir no dia a dia, mesmo em contextos não matemáticos. Como exemplo, é dito que na parte decimal isso não irá ocorrer, o que é característico do sistema de numeração decimal que utilizamos.

O poema pode contribuir para o desenvolvimento da **Habilidade EF06MA02**.

6º ANO

VAI TER QUE TER

Se tiver zero,
O 5, sei que vai ter.
Nulo, não quero,
Não sei o que vou fazer.

Pode ser trinta,
Quarenta pode também.
Tirando tinta,
90 é quase 100.

Comentário:

A situação apresentada no poema trata de múltiplos do número 5 (30, 40, 90, 100 e outros números cujo último algarismo seja o zero); ou, de outra perspectiva, de números que terão o 5 como divisor.

O poema pode contribuir para o desenvolvimento da **Habilidade EF06MA05**.

POEMAS MATEMÁTICOS

CADÊ O ZERO?

Eu sou o 10 que foi por 100 multiplicar,

E depois disso cresci muito, virei 1000.

A cada passo, eu via zeros a somar.

Mas, de repente, cadê o zero? Ninguém viu.

É que embaixo, um milhar apareceu.

Logo entendi que foi devido à divisão:

Cortando três de todo mundo, o que é que deu?

Restou o 1, e não ficou mais zero, não.

Comentário:

Este poema apresenta as possibilidades para encontrar alguns múltiplos do número 10, assim como indica o próprio 10, o 100 e o 1000 como divisores.

O poema pode contribuir para o desenvolvimento da **Habilidade EF06MA05**.

84

INÍCIO, MEIO E FIM

O início de uma reta é lugar que nunca fui;
O final é parecido, isso logo a gente intui.
O seu meio é muito cheio, pontos longe de acabar,
Mas confesso o meu anseio de aprender a desenhar.

Comentário:

Considerando que o eu lírico confessa o desejo de desenhar, pode-se tentar construir uma reta e investigar o seu início e o seu final, seja utilizando instrumentos como régua, compasso e esquadro, no papel, ou mediante alguns *softwares*.

O poema pode contribuir para o desenvolvimento da **Habilidade EF06MA22**.

QUE NEM FLECHA LÁ NO PEITO

Sou uma reta por 2 pontos definida:
Não sou curta, sou comprida,
Não sei onde vou parar.

Sou paralela, também posso ser reversa.
para começo de conversa,
Eu sou perpendicular.

Eu furo plano, que nem flecha lá no peito.
Querubim, amor perfeito,
Papo reto para amar.

Se não começo, também não sei o meu fim,
Mas eu sigo mesmo assim,
Não aprendo a me curvar.

Comentário:

O poema aborda características da reta, possíveis posições relativas entre retas e entre reta e plano, o que pode ser investigado mediante outras representações, como desenhos construídos com o auxílio de instrumentos (régua, compasso e esquadros) ou *softwares*.

O poema pode contribuir para o desenvolvimento da **Habilidade EF06MA22**.

HAIKAI II

Reversas direções
Certos desencontros
Sem plano algum

Comentário:

O haikai sugere tratar da posição relativa de duas retas que, no caso específico, são reversas. Essa condição pode ser melhor visualizada mediante outros tipos de registros de representação semiótica, sejam desenhos, no papel, construídos com o auxílio de instrumentos, como régua, compasso e esquadros, ou mediante alguns *softwares*.

O poema pode contribuir para o desenvolvimento da **Habilidade EF06MA22**.

6º ANO

LADO OU BASE?

Minha altura me divide em duas partes iguais,
E eu só tenho 3 lados ou são bases, como for.
O meu ângulo de cima, diferença ele faz
Olhando os que estão embaixo, qual meu nome, por favor?

Comentário:

O poema apresenta "dicas" para que se possa identificar qual a figura geométrica plana que representa o eu lírico, inclusive a sua classificação de acordo com os seus ângulos e lados, fazendo chegar, assim, à conclusão de que representa um triângulo isósceles.

O poema pode contribuir para o desenvolvimento da **Habilidade EF06MA19**.

DADO X CUBO

O dado falou pro cubo dar um tempo, descansar;

Falou sobre o prejuízo, do aprender, do ensinar:

Com 6 faces parecidas nos confundem, pode crer;

Mas, parecido elemento, difere muito de ser!

E se eu quiser posso ser D10, D20 ou D100.

Baixa um pouco sua bola, para logo com esse trem!

Comentário:

O poema trata de um prisma, uma figura geométrica espacial, e possibilita estabelecer relações com o seu número de faces de forma a poder identificá-lo ou a sinalizar sobre a proximidade de sua forma com o objeto em questão (o dado).

O poema pode contribuir para o desenvolvimento da **Habilidade EF06MA17**.

6º ANO

PASSANDO UM LAÇO

O comprimento, na área, deu um abraço:
Melhor momento não tinha para acontecer.
Juntando tudo e depois passando um laço,
Mando o volume de presente para você.

Comentário:

A linguagem poética, neste exemplo, exagera na construção imagética, por não obedecer a parâmetros ou situações comuns de serem observadas. De todo modo, a situação problema apresentada aborda um tipo de figura geométrica espacial (podendo ser um bloco retangular) e relaciona as grandezas comprimento, área e volume.

O poema pode contribuir para o desenvolvimento da **Habilidade EF06MA24**.

VINAGRE NO TEMPERO

Não quero litro, pois a medida é menor,
Para o tempero, vinagre é bem pouquinho.
Em ml economiza, é melhor!
Com a salada, o almoço é gostosinho.

Comentário:

O poema possibilita abordar uma figura geométrica espacial (podendo ser um bloco retangular) a partir de um suposto recipiente que contém vinagre, relacionando-o com a grandeza capacidade e citando as unidades padronizadas de medida litro e mililitro.

O poema pode contribuir para o desenvolvimento da **Habilidade EF06MA24**.

7º ANO

33

Vai sobrar 1 se tirar 2,
Com menos 1, não vai sobrar.
Outro, mais um, logo depois.
Sei que de Cristo vai lembrar.

Comentário:

A situação problema tipo charada tende a ser resolvida por estratégias de cálculos que envolvem operações com números inteiros.

O poema pode contribuir para o desenvolvimento da **Habilidade EF07MA04**.

ISSO NÃO VAI PARAR

Se 7/3 por ¼ multiplico,
Depois da vírgula, isso não vai parar.
Se fosse grana, eu já estava era rico.
A parte inteira, dispenso, pode ficar.

Comentário:

Neste poema, inicialmente e de forma mais objetiva, é sugerida uma operação com números racionais (frações), a fim de encontrar um resultado específico, o qual pode ser analisado mediante algumas "pistas" ou orientações presentes no segundo e no quarto versos.

O poema pode contribuir para o desenvolvimento da **Habilidade EF07MA12**.

POEMAS MATEMÁTICOS

FATOR DE MULTIPLICAÇÃO

Eu troco o 10 por zero um:

Fator de multiplicação.

Não vai crescer número algum,

Mesmo que seja 1 milhão.

Comentário:

O poema sugere nada mais do que uma operação (multiplicação) com a presença de pelo menos um número racional (o fator de multiplicação indicado, que foi 0,1). É possível notar, também, que o não crescimento apontado ocorrerá com qualquer outro número multiplicado pelo fator de multiplicação sinalizado, seja ele natural, inteiro ou racional.

O poema pode contribuir para o desenvolvimento da **Habilidade EF07MA12**.

10 OU 100?

Mil sobre cem, eu sei que 10 pode não ser.

Te dou um exemplo, para melhor explicar:

Se, lá embaixo, décimos aparecer,

Dará centena, 1 zero vai se juntar.

Comentário:

No primeiro verso do poema é apresentada uma suspeita: a divisão de mil por cem pode não resultar em 10. Em seguida é dado o exemplo, no qual o denominador "passa a ser" cem décimos (10), resultando, assim, em 100.

O poema pode contribuir para o desenvolvimento da **Habilidade EF07MA12**.

BELO CHATEOU

Menino Belo chateou na brincadeira:
Jogando gude, o seu "batê" foi quem quebrou.
Já tinha perdido umas 3 lá na ladeira;
E no triângulo, mais 4 que botou.

Só tinha duas no seu bolso, tilintando:
Ele temia voltar para casa zerado.
Sem arregar, botou mais uma, foi jogando.
Acabou preso, sem mais nada, bem retado.

Comentário:

É possível chegar ao total de gudes que o Menino Belo possuía utilizando-se o recurso algébrico, considerando as informações dadas de quantas gudes foram perdidas e quantas ainda restavam em certo momento do relato (como no primeiro verso da segunda estrofe).

O poema pode contribuir para o desenvolvimento da **Habilidade EF07MA18**.

SECADORA

Eu sou mesmo de secar,
Passo por mais de um ponto.
De onde eu vim, não vou falar;
para onde vou, depois te conto.

Se rodar e tentar fugir,
Posso virar uma tangente;
E se resolver partir,
Mudo o nome de repente.

Comentário:

A reta secante a uma circunferência parece ser o eu lírico do poema e inicia a sua fala apresentando algumas de suas características, bem como uma possível transformação, na qual passaria a ser uma reta tangente a um ponto da mesma circunferência. Esse comportamento pode ser melhor visualizado com o complemento de outras representações, como desenhos, sejam no papel ou com o uso de *softwares*.

O poema pode contribuir para o desenvolvimento da **Habilidade EF07MA22**.

BALÃO

Dizem que losango é balão,
Mas que o quadrado já não é.
Ora, se eu giro com minha mão,
Boto ele deitado ou de pé.

Comentário:

Considerando que ainda ocorre muita confusão nas identificações e definições de quadrado e losango (figuras geométricas planas), o poema sugere que é possível realizar uma rotação do quadrado, insinuando que ele será um losango seja em qual posição for. Essa visualização pode ser melhorada com o auxílio de outros tipos de registros de representação, como um desenho no papel ou com o uso de *softwares*.

O poema pode contribuir para o desenvolvimento da **Habilidade EF07MA21**.

PEGA NO COMPASSO

Pega no compasso e segura o tchan.

Pega no compasso, de noite ou de manhã.

Pega no compasso e gira levemente...

Pega no compasso, circula papel e mente.

Pega e siga o passo, fica firme lá no centro.

Pega e siga o passo sem os pontinhos de dentro.

Pega e siga o passo, nessa roda, na ciranda.

Pega e siga o passo. Completou, você se manda.

Comentário:

Com aparência imperativa, a sugestão apresentada é no sentido de poder realizar a construção de uma circunferência com o auxílio de um compasso, como que por meio de instruções e considerando comentários acerca de algumas características do elemento geométrico em construção.

O poema pode contribuir para o desenvolvimento da **Habilidade EF07MA22**.

POEMAS MATEMÁTICOS

MEUS TRAPÉZIOS

Tenho 6 triângulos, fazem parte de mim.

Têm lados iguais, com um ponto em comum.

Dividindo igual, 2 trapézios gero sim:

O lugar que corta não pode ser qualquer um.

Comentário:

O início do poema já revela a possibilidade de "decomposição" de um "certo ente" em 6 triângulos. Não se identificando, o eu lírico fornece algumas dicas, ainda com relação aos triângulos e mediante outra forma de partição, que seria a que geraria dois trapézios, só ocorrendo se a linha de corte passasse no centro do hexágono, o "certo ente".

O poema pode contribuir para o desenvolvimento da **Habilidade EF07MA32**.

7º ANO

METADE DE D

Eu sou a ponte que interliga o meio a um ponto dela,
Eu sou metade de uma corda conhecida como D.
Se multiplico por 2pi, não demora muito a espera,
O comprimento logo acha, você não fica sem ter.

Ela é cheia de pontinhos numa fila encurvada,
Seguindo qualquer sentido, você não vai se perder.
Circunferência é o nome e a galera "tá" lembrada,
Volte e releia tudinho para melhor aprender.

Comentário:

O poema apresenta alguns elementos que constituem uma circunferência, bem como indica uma maneira de encontrar o seu comprimento. Embora o caminho indicado considere o raio, também se poderia usar o próprio diâmetro e assim apresentar a possibilidade de se deduzir, pela operação inversa da multiplicação (divisão), que a razão entre o comprimento da circunferência e o seu diâmetro resulta no número irracional pi.

O poema pode contribuir para o desenvolvimento da **Habilidade EF07MA33**.

8º ANO

INTIMIDADE

O 6 é dobro, mas também é a metade;

Ele é raiz, mas é também uma potência.

O 36 tem com ele intimidade.

3 vezes 2 não é mera coincidência.

Comentário:

Segundo o poema, o número 6 pode ser, ao mesmo tempo, uma raiz e uma potência. A intimidade mencionada com o 36 pode ser interpretada pelo fato de o 6 ser a sua raiz quadrada. Por outro lado, o 6 pode ser a potência do quadrado da raiz quadrada de 6.

O poema pode contribuir para o desenvolvimento da **Habilidade EF08MA02**.

SEM CENTRO

Sem centro, será que um círculo vira coroa?
Tirando um pontinho seu, ele ficará numa boa?
Mas, se irritar, seu grito será que ecoa?
Ou não adianta e ponto final, só berra à toa?

Comentário:

O poema provoca no sentido de se analisar a dimensão da menor unidade geométrica, o ponto. Sugere que a retirada do ponto central de um círculo pode ser, na verdade, a retirada de um outro círculo (de raio menor), o que resultaria em uma coroa circular, cuja área iria variar a depender do valor da área do círculo subtraído.

O poema pode contribuir para o desenvolvimento da **Habilidade EF08MA19**.

POEMAS MATEMÁTICOS

CIRCUNFERÊNCIAS OUTRAS

Uma roda, outra roda;
Um pneu, outro pneu.
O anel que tá na moda,
Bambolê que o pai lhe deu.

Mesmo círculo integram,
Seja o raio que for.
Mesmo centro até negam
O formato? Por favor!

Comentário:

O poema sugere que diversos objetos (roda, pneu, anel, bambolê) possuem um formato em comum e que integram um mesmo círculo, embora não explicite os seus raios (internos e externos). Em busca do cálculo das áreas de cada elemento, é possível utilizar outras representações (desenho no papel e *softwares*) e estimar valores dos seus atributos.

O poema pode contribuir para o desenvolvimento da **Habilidade EF08MA19**.

EU CONCÊNTRICO

No meu centro tem um ponto; já lá fora, mais de mim.
Se alguém não der um basta, isso não terá um fim.
Como um preso que aprisiona, nesse círculo crescente,
Eu me espalho que nem onda, no meio da minha gente.

Comentário:

O poema sugere uma "aparição" de círculos concêntricos de raios diferentes, mas de valores desconhecidos, o que poderia permitir o cálculo de suas áreas (círculos maiores e menores) bem como as diferenças entre elas (regiões de coroas circulares).

O poema pode contribuir para o desenvolvimento da **Habilidade EF08MA19**.

POEMAS MATEMÁTICOS

A PIZZA

Ouço a buzina, o Ifood já chegou:
A nossa pizza, que vamos já comer.
São 8 bocas, e famintas, um terror.
Mas, se errar na divisão, como vai ser?

Bem pelo centro, corto em cruz, não acabou:
Só dá para 4, e pode dar uma confusão.
Pela fatia, repetir no meio, vou.
Agora, sim, pode comer até de mão.

Comentário:

A estratégia utilizada para resolver a justa divisão da pizza utiliza a noção de bissetriz, a qual representa o lugar geométrico onde um ângulo determinado é repartido em duas partes iguais.

O poema pode contribuir para o desenvolvimento da **Habilidade EF08MA17**.

8º ANO

TAMBÉM SOU LITRO

Decímetro cúbico eu sou,
Mas litro também posso ser.
E se você já calculou,
Agora sabe o que fazer.

Comentário:

É sugerido, no poema, que o decímetro cúbico (unidade de medida de capacidade) pode também passar a ser litro. Cabe atentar para o fato de que não foram explicitados valores de medidas nas unidades citadas, embora caiba registrar que não seriam diferentes. Se assim fosse, seria necessário buscar novas transformações para outras unidades das grandezas em questão (volume e capacidade).

O poema pode contribuir para o desenvolvimento da **Habilidade EF08MA20**.

POEMAS MATEMÁTICOS

À TERCEIRA

Decímetro à terceira,
Ao litro é igual.
Não fique de bobeira,
Isso é fundamental.

Comentário:

Neste poema, o recado é bem direto. Os dois primeiros versos despejam a relação direta entre as unidades decímetro cúbico e litro, enquanto os dois últimos concluem destacando que ter esse conhecimento é de extrema importância.

O poema pode contribuir para o desenvolvimento da **Habilidade EF08MA20**.

8º ANO

CAIXA DE SAPATO

Medi o volume da caixa do meu sapato,
Não demorou: só 3 medidas para achar.
Achei um número que não era exato,
Capacidade é igual, melhor gravar.

Comentário:

É clara a referência feita a um bloco retangular, a um objeto prismático (a caixa de sapato), com a indicação de como se calcula o seu volume, aproveitando as medidas de suas três dimensões, e, no quarto verso, dando a dica de que a capacidade possuirá o mesmo valor.

O poema pode contribuir para o desenvolvimento da **Habilidade EF08MA21**.

SONETO MOLHADO

Eu gosto muito do verão, sol e piscina,
É muita água na caixa a preencher.
Se eu não souber, alguém por favor me ensina
A calcular o volume que vai caber.

São comprimentos, são diversas direções:
Pegue uma trena, que a régua pode não dar.
É como um sólido, que tem 3 dimensões,
Após medir, você tem de multiplicar.

Mas não vacile, não pode se distrair,
Tem de estar tudo numa mesma unidade.
Converta para aquela que vai preferir,
Somente assim para poder ter validade.

E com a quantidade agora calculada,
Só quero um banho e ficar de alma lavada.

Comentário:

O soneto aborda amplamente os detalhes do cálculo do volume de um paralelepípedo.

O poema pode contribuir para o desenvolvimento da **Habilidade EF08MA21**.

MÉDIA FINAL

Se quiser saber o valor da média final,
É muito tranquilo, a mais pura divisão:
Some suas notas e veja qual o total;
Sobre a quantidade, você tem a solução.

Comentário:

O poema apresenta uma sequência que visa calcular o valor da média final (provavelmente fazendo referência às notas escolares). Observando o caminho explicitado, é possível deduzir que se trata da média aritmética, uma das medidas de tendência central.

O poema pode contribuir para o desenvolvimento da **Habilidade EF08MA25**.

9º ANO

POEMAS MATEMÁTICOS

"KD" A LUPA?

Encontro de pontos não dá para ver
Numa reta, infinitos. E a lupa, "kd"?
Desenha, sai grande. O que mostra, então?
É círculo, é. Ponto, não é, não.

Comentário:

O poema apresenta o desafio de se analisar a dimensão de um ponto e a menor distância entre um par, tendo por base a sua representação, que sempre ocorre em forma de círculo, um dos grandes obstáculos cognitivos observados mediante o viés semiótico.

O poema pode contribuir para o desenvolvimento da **Habilidade EF09MA16**.

RETA FUJONA

A reta fujona
Furou bem no meio
Da área mandona,
Rompeu sem receio.

Liberta do plano,
Pensou liberdade.
Qual foi seu engano?
Tem plano à vontade.

Comentário:

No poema aparece a indicação de uma reta que intercepta um plano (ortogonalmente ou não), sem que ela pertença a ele, embora devendo pertencer a um outro. Outras representações (desenho no papel ou com o uso de *softwares*) podem possibilitar uma melhor apreensão da situação em questão.

O poema pode contribuir para o desenvolvimento da **Habilidade EF09MA17**.

POEMAS MATEMÁTICOS

TERRA PLANA

Se o plano for na planície,
Muito pouco vai mudar;
Se o plano for no alto,
Posso até lá não chegar.

Sendo o plano infinito,
Não tem nem como cair;
Terra plana, nem comento,
Eu me acabo é de rir!

Comentário:

No poema, o que se diz plano pode ser tanto o ente geométrico plano, como também uma face de uma figura geométrica espacial. A não diretividade do poema possibilita que, mediante representações por desenhos ou *softwares*, diversas perspectivas possam ser analisadas.

O poema pode contribuir para o desenvolvimento da **Habilidade EF09MA17.**

9º ANO

8 FATIAS

8 fatias, pizza grande ou não;
Tendo a metade, continuo a afirmar:
Não é o número que dá definição,
Mas, sim, a área que vai te alimentar.

Comentário:

Comumente, as pessoas tendem a acreditar que quanto mais fatias, mais pizza terão. No entanto, considerando que o formato de uma fatia de pizza é próximo de um setor circular, pode-se inferir que, mesmo possuindo ângulos centrais congruentes, as áreas das fatias se diferenciarão a depender das medidas dos raios das pizzas.

O poema pode contribuir para o desenvolvimento da **Habilidade EF09MA11**.

POEMAS MATEMÁTICOS

ARCO DO MEIO

Sou da central,
Ponta no centro;
Arco igual
Área de dentro.

Se sou 60,
Chamo mais 5;
Quatro 90,
Giro, não brinco.

Comentário:

O poema trata da relação entre ângulos centrais, na circunferência, e os seus arcos correspondentes, assim como exemplifica o quantitativo de ângulos centrais congruentes possíveis de completar os 360º (6 de 60º e 4 de 90º).

O poema pode contribuir para o desenvolvimento da **Habilidade EF09MA11**.

9º ANO

TRIÂNGULO DE 90º

Sou triângulo com ângulo que nem o do quadrado,
Sei que tenho outros dois, isso não importa, não.
Ângulo especial, hipotenusa do outro lado,
Aproveite e advinha, outra dica não dou, não.

Comentário:

O poema aborda características de um triângulo retângulo, especificando possuir um ângulo reto (que nem o do quadrado) e cujo lado oposto é denominado hipotenusa, criando assim condições para que se identifiquem, por semelhança, outros triângulos da mesma natureza, com a mesma classificação.

O poema pode contribuir para o desenvolvimento da **Habilidade EF09MA13**.

POEMAS MATEMÁTICOS

EMBAIXO DO CUBO

Estou debaixo de um cubo e o que será que eu vejo?

Aposto com muita gente, já sei que eles vão errar!

Mas, quem acertar, prometo que vai ganhar o meu beijo.

Será mesmo um quadrado, se o cubo se inclinar?

Comentário:

As provocações apresentadas no poema remetem às diversas possibilidades das vistas de um cubo, às múltiplas perspectivas desse tipo de figura geométrica espacial, sejam essas vistas ortogonais ou não.

O poema pode contribuir para o desenvolvimento da **Habilidade EF09MA17**.

9º ANO

GALERA TONTA

É base ou é face o que se vira para o chão?
É ângulo ou vértice o nome daquela ponta?
É lado ou aresta onde corre a minha mão?
É plano ou espaço que deixa a galera tonta?

Comentário:

Os questionamentos que aparecem no poema buscam exercitar a correta nomenclatura dos elementos de uma figura geométrica espacial ao mesmo tempo que estimula a observação das várias perspectivas dessa mesma figura.

O poema pode contribuir para o desenvolvimento da **Habilidade EF09MA17**.

DADO DADO

Dado um dado dado,
Cuja face é um quadrado,
Mesmo se tiver virado,
Pode não estar mudado.

Comentário:

O dado a que se refere o poema pode ser um dado clássico (o mais conhecido, de 6 faces quadradas), sendo sinalizado o fato de que, mesmo que rotacionado ou visto mediante outras perspectivas, ele manterá as suas características (seja de dado ou de cubo).

O poema pode contribuir para o desenvolvimento da **Habilidade EF09MA17**.

9º ANO

HAIKAI VOLUMOSO

Sólido no espaço
Vital multidimensão
Trio de direções

Comentário:

Ainda que seja um haikai, é possível inferir que o poema aborda uma figura geométrica espacial e a sua multidimensão, ainda que não defina qual o tipo de figura, nem o seu posicionamento ou vista determinada.

O poema pode contribuir para o desenvolvimento da **Habilidade EF09MA17**.

ENSINO MÉDIO

ENSINO MÉDIO

LENTE ANGULAR

O globo ocular,
Raio de visão;
A lente angular,
Plana refração.

Comentário:

O poema apresenta um entrelace de termos que remetem a alguns elementos matemáticos (esfera, círculo, circunferência, raio, ângulo, plano). Assim, estimando-se medidas para o raio do globo ocular, é possível calcular os respectivos volumes. Claro, no caso específico, há que se considerar o formato esférico, a fim de facilitar a solução.

O poema pode contribuir para o desenvolvimento da **Habilidade EM13MAT309**.

O BALDE

O balde não é cone, não,
O balde é para água pegar.
O balde é uma porção:
É tronco que tinha por lá.

Comentário:

O poema nega que o formato de um balde represente o de um cone, baseado no fato de que o balde possui duas bases circulares. Então, estimando-se os raios das figuras planas que constituem as bases da referida figura geométrica espacial, assim como a sua altura, é possível calcular os valores dos respectivos volumes e/ou suas capacidades.

O poema pode contribuir para o desenvolvimento da **Habilidade EM13MAT309**.

ENSINO MÉDIO

CONE IMORTAL

Cortei o cone e foi na horizontal,
Mas ficou vivo, embora pouco menor.
Tentei de novo, parecia imortal:
Deixei de lado, insistir era pior.

Comentário:

Tomando o poema como referência, pode-se utilizar um *software* (geometria dinâmica) para melhorar a apreensão do objeto matemático cone, considerando a sequência indefinida de cortes na qual sempre restará um cone, embora com as medidas de seu raio, altura e volume menores que as anteriores.

O poema pode contribuir para o desenvolvimento da **Habilidade EM13MAT309**.

POEMAS MATEMÁTICOS

A INVASÃO DAS GUDES

A esfera entrou no cubo se sentindo apertada.

Evitando estar tangente, prendeu a respiração.

Para surpresa até do cubo e dela, pobre coitada,

8 gudes pelos cantos, decretaram a invasão.

Comentário:

O poema instiga imaginar a disposição das esferas citadas no interior de um objeto cúbico, sendo que a maior delas parece tangenciar as faces do referido prisma, e cada uma das outras menores tangenciam, ao mesmo tempo, 3 faces do cubo e a esfera maior. Exemplo interessante que possibilita várias investigações, como a dos volumes das esferas e a diferença entre o volume total delas e o do cubo (paralelepípedo regular).

O poema pode contribuir para o desenvolvimento da **Habilidade EM13MAT309**.

ENSINO MÉDIO

MEDE A TERRA

Mede a Terra!
Mede o comprimento agora.
Mede a Terra!
Mede o volume da bola.
Mede a Terra!
Mede a superfície, aí.
Mede a Terra!
Mede tudo que surgir.

Comentário:

Ainda que considerando o fato do planeta Terra não apresentar formato perfeitamente esférico, pode-se encontrar o seu volume aproximado, assim como a distância percorrida para dar uma volta ao mundo (tomado o comprimento relativo à maior circunferência que envolve a Terra). Da mesma forma, também é possível calcular o valor de sua superfície, tendo como referência, claro, as provocações presentes no poema.

O poema pode contribuir para o desenvolvimento da **Habilidade EM13MAT309**.

GEOMETRIA DA VOVÓ

Euclides que me perdoe,
Com a sua geometria.
Muito disso já se foi,
É do tempo da minha tia.

Tem mais coisa especial,
Tem aquela animada,
Tem do tipo fractal,
Que a galera "tá ligada".

Comentário:

O poema estimula o conhecimento de outras possibilidades geométricas que não foram contempladas na geometria euclidiana (a mais estudada no ambiente escolar), como a geometria dinâmica e a fractal (melhor visualizadas com o auxílio de *softwares*).

O poema pode contribuir para o desenvolvimento da **Habilidade EM13MAT105**.

ENSINO MÉDIO

GLOBO TERRESTRE

É metade de 1 bilhão, a área do nosso planeta
Em quilômetros quadrados, anote, grave aí.
Se for pintar usando a tinta de uma só caneta,
Isso só dá lá no globo da escola de que eu saí.

Comentário:

O poema indica o valor aproximado da superfície da Terra e afirma que, caso se decida pintá-la com apenas uma caneta, isso não será possível, a não ser que seja de forma parcial. Dessa forma, um exercício interessante pode ser verificar o quanto de área é possível pintar com essa única caneta (ou fração dela, tomando por base a altura do seu reservatório de tinta) e, também, estimar quantas canetas (ou volume de tinta) seriam necessárias para pintar todo o globo terrestre ou até um globo escolar.

O poema pode contribuir para o desenvolvimento da **Habilidade EM13MAT309**.

POEMAS MATEMÁTICOS

OXIGÊNIO PARA O BRASIL

Oxigênio agrada o meu pulmão.
Mas, se doente, isso pode complicar.
Tendo um cilindro cheio à disposição,
Um hospital, lugar seguro será.

No Amazonas, lá o povo precisou,
Muito volume, a Covid exigiu.
Em metros cúbicos, milhares superou:
É nossa gente, cuidemos desse Brasil!

Comentário:

Com o auxílio de reportagens da época, é possível verificar qual o total de cilindros necessários para suprir a demanda de oxigênio em Manaus. Também, mediante consulta, é possível verificar as dimensões (ainda que aproximadas) do cilindro (reservatório), e estimar o seu volume, a sua capacidade.

O poema pode contribuir para o desenvolvimento da **Habilidade EM13MAT309**.

ENSINO MÉDIO

ATÉ NA LUA

Se for na Lua, a sua massa permanece.
Outra balança, nada disso vai mudar:
Somente o peso que decai ou até cresce,
Os quilogramas, você tem de carregar.

Comentário:

O poema discorre sobre a medição da massa de um corpo quando fora da órbita terrestre (no caso, na Lua), considerando que, para a sua melhor compreensão, há que se ter conhecimento sobre o conceito de gravidade e sobre a sua ação nos corpos.

O poema pode contribuir para o desenvolvimento da **Habilidade EM13MAT103**.

POEMAS MATEMÁTICOS

UMA HORA DE RELÓGIO

Uma hora de relógio, como falam na Bahia,
É mais tempo que a piscada, quando tem de paquerar.
24 cobre tudo: manhã, tarde, noite e dia,
Meia hora não dá tempo do ponteiro circular.

Comentário:

De forma sutil, o poema aborda submúltiplos da hora, como o minuto e o segundo, por exemplo, mas também de outros cujas ordens de grandeza não são tão comuns de serem observadas no nosso cotidiano, como o microssegundo e o milissegundo. A referência está presente no segundo verso, ao indicar o tempo de uma piscada.

O poema pode contribuir para o desenvolvimento da **Habilidade EM13MAT103**.

O AUTOR

SIDCLEY DALMO TEIXEIRA CALDAS é baiano de Salvador, negro, pai de Kauã e Rian, avô de Maria Flor, corredor, cancionista, escritor, poeta, professor, licenciado em Pedagogia (UNEB) e em Matemática (UNEB), bacharel em Engenharia Civil (UFBA), especialista em Arte-Educação (UFBA) e em Educação Matemática (UNEB), mestre e doutor em Educação (UFBA). Atualmente, integra o Grupo de Estudos e Pesquisas em Educação, Didática e Ludicidade (GEPEL/UFBA).

É autor dos livros "Canções mais educação matemática: o que futuros professores pensam disso?", pela Editora CRV (2019); "Poemas Matemáticos: do zero à divisão", volume 1; "Poemas Matemáticos: do ponto ao 3D", volume 2; e "Poemas Matemáticos: do mm à tonelada", volume 3, pela Editora Livraria da Física (2022). Mantém o canal "Eu canto matemática" (Youtube) e o perfil @eucantomatematica (Instagram).

Impresso na Prime Graph
em papel offset 75 g/m^2
fonte utilizada adobe caslon pro
agosto / 2024